Enid Artursdottir

Brief an meine Mutter

Enid Artursdottir

Brief an meine Mutter

anständiges Vermissen

Trainerverlag

Imprint
Any brand names and product names mentioned in this book are subject to trademark, brand or patent protection and are trademarks or registered trademarks of their respective holders. The use of brand names, product names, common names, trade names, product descriptions etc. even without a particular marking in this work is in no way to be construed to mean that such names may be regarded as unrestricted in respect of trademark and brand protection legislation and could thus be used by anyone.

Cover image: www.ingimage.com

Publisher:
Der Trainerverlag
is a trademark of
International Book Market Service Ltd., member of OmniScriptum Publishing Group
17 Meldrum Street, Beau Bassin 71504, Mauritius

Printed at: see last page
ISBN: 978-620-2-49458-8

Inhaltsverzeichnis:

I. **Anlass:**

Nachricht

meiner

Mutter

auf

Band bzw.

Anrufbeantworter

vom

19. Dezember 2019

(11:26 Uhr):

sie

fände es

„unanständig“,

dass ich

mich nicht

melden würde

und wisse gerne

die „Gründe“

dafür.

II. **Stellungnahme:**

Ich empfinde es

wiederum

als „unanständig“

- Die eigene (volljährige) Tochter

  ausdrücklich und wiederholt

  vom eigenen Geburtstag auszuladen

- Der eigenen (volljährigen) Tochter

  zu verbieten, mit ihren Kindern

  zu Besuch zu kommen

- Den eigenen Enkelkindern zu untersagen,

  der Oma zum Geburtstag

  gratulieren zu dürfen

- Der eigenen (volljährigen) Tochter zu verbieten,

  auf dem runden (85.) Geburtstag

  des Partners zu erscheinen

- Der eigenen (volljährigen) Tochter zu untersagen,

  auf dem runden (90.) Geburtstag der Tante

  in Erscheinung zu treten

- oder dort gar mit ihren Kindern

  anlässlich einer Gratulation

  aufzutauchen

- Der eigenen (volljährigen) Tochter zu untersagen,

  zur Trauerfeier / Beisetzung / Beerdigung

  der verstorbenen Nachbarin zu gehen

- Und ihr gleichzeitig vorschreiben zu wollen

  stattdessen einen Beileids- bzw. Kondolenzbrief

  an die Hinterbliebenen zu schreiben

- Der eigenen (volljährigen) Tochter vorzuschreiben,

  wen sie zu Besuch einzuladen,

  bei wem sie sich telefonisch zu melden

- oder von wem

  sie sich gefälligst

  „duzen“ zu lassen hat

- Der eigenen (volljährigen) Tochter

  (unter Zeugen) mitzuteilen,

  ihre Kinder seien ausdrücklich „keine Enkelkinder“,

- sondern lediglich „Nachzügler“

  und sie dies stets – insbesondere im Verhältnis

  zu den „eigentlichen Enkel-Kindern“ – spüren zu lassen

- und sie konkret

  auch finanziell

  zu benachteiligen

- Der eigenen Tochter stets zu veranschaulichen,

  dass sie ebenfalls nicht den Rang

  eines rechtlichen bzw. ordentlichen Kindes habe,

- sondern lediglich

  den eines

  „Nachzüglers“

- und ihr dies dementsprechend genauso

  – insbesondere im Verhältnis zu den „eigentlichen Kindern“ –

  konkret deutlich zu machen

- und sie in Bezug auf Schenkungen

  von Grundstücken, Häusern, Fluren, Feldern,

  Wiesen, Wäldern und Geldern und sonstigen „Zuwendungen“

- konkret außen vor zu halten

  und spürbar

  zu benachteiligen

- Der eigenen Tochter mitzuteilen,

  sie werde niemals etwas

  „mit warmen Händen kriegen“

- Der eigenen Tochter mitzuteilen,

  dass sie „enterbt“

  werden solle

- Der eigenen Tochter

  gemeinsam mit Tochter, Sohn und Sippe

  in Bezug auf ihren Exmann und ihre Töchter

- in den Rücken zu fallen, sie zu hintergehen,

  zwischen Mutter und Tochter sogar ganz „anständig“

  Keile zu treiben

- und sie mitsamt Familie

  am „Katzentisch“

  in der Ecke zu platzieren

III. **Herleitung:**

Ob dies alles

damit im Zusammenhang zu sehen ist,

dass das dritte Kind kein Wunsch-Kind war,

dass es ausgerechnet

am 13. Hochzeitstag der Eheleute

zu einem möglicherweise ungeplanten Zeugungsakt kam

und sämtliche eigenmächtigen

Vergiftungs- und Abtreibungsversuche

innerhalb der ersten Schwangerschaftswochen fehlschlugen

und das ungewollte Etwas

somit kaum wirklich

loszuwerden war,

es dann auch nur

mangels „anständiger“ Alternativen

„ausgetragen“

und ausgerechnet

an einem Dreizehnten um 13:43 Uhr

„ausgetrieben“ wurde,

es jedoch von Anfang an

lediglich als „Wechselbalg“

innerhalb des Clans galt,

sei

einmal

dahingestellt.

IV. Abgrenzung:

Nach einem knappen

halben Jahrhundert

habe ich nun genug

an Verletzungen,

Gemeinheiten,

Boshaftigkeiten,

Demütigungen,

Erniedrigungen,

Beleidigungen,

Beschimpfungen,

Verurteilungen,

Verunglimpfungen,

Manipulationen,

Denunziationen,

Zerstörungen,

Hinterlist,

Verlogenheiten,

Scheinheiligkeiten,

Giftattacken,

Benachteiligungen,

Verleumdungen,

Angriffen,

Übergriffen,

Entwürdigungen,

Hetze,

Arglist,

Schmähungen,

Intrigen,

Lästerungen,

Stänkereien,

Entmündigungen,

Bevormundung,

Heuchelei,

Aggression,

Brutalität,

Gewalt,

Heimtücke,

Wortbrüche,

Erpressung,

übler Nachrede,

Schadenfreude,

Rufmord,

Dummheit,

Dreistigkeit,

Rechthaberei,

Spott,

Hohn,

Hähme,

Verrat,

Diebstahl,

Enteignung,

Menschenrechtsleugnung,

Freiheitsberaubung,

Entrechtung,

Betrug,

Täuschung,

Kriminalität,

Neurosen,

Psychosen,

Komplexen,

narzisstischen

und anderen

krankhaften Störungen,

Spott,

Schimpf

und Schande

innerhalb

meiner sog. Herkunftsfamilie

erlebt,

als dass

ich mir

vornehmen müsste,

weiterhin

als Objekt

zur Entsorgung

von Rest- und Sondermüll

oder Altkleiderspenden

und weiteren Abfällen herzuhalten.

V. Entlassung:

Möge

man sich

vor Ort

einen anderen

„Dummling“

suchen,

der sich

bereit

erklärt,

das

„Aschenputtel“

zu mimen

oder

als „Pechmarie“

herzuhalten,

damit

sich

andere

im

Golde

glänzend

selbst

wähnen

können.

VI. **Abschied:**

Ehrlich

gemeinte

Zuwendungen

von Großmüttern,

Tanten,

Onkel,

Patentanten,

Patenonkel,

Patenkindern,

Großtanten,

Großcousinen,

Großcousins,

Cousinen

und

Cousins

oder

sonstigen

Anverwandten

zu Geburten /

Geburtstagen /

besonderen Anlässen /

Advent /

Weihnachten /

Neujahr /

Taufen /

Konfirmationen /

Hochzeiten /

Einschulungen /

Schulabschlüssen /

o.ä.

finden

wie unten angegeben

ihre Empfänger/innen:

Nachnamen

Vornamen

IBAN

Printed by Books on Demand GmbH, Norderstedt / Germany